एहसासों के रंग

शील रतन भास्कर

Made with ❤ on the Notion Press Platform
www.notionpress.com

क्रम-सूची

क्रम-सूची

क्रम-सूची

क्रम-सूची

क्रम-सूची

क्रम-सूची

प्रस्तावना

यह पुस्तक मैंने अपनी कल्पना के आधार पर स्वयं रचित शायरी के रूप में लिखी है। जिसका नाम मैंने "एहसासों के रंग" रखा है। जैसे मौसम बदलते रहते हैं, वैसे ही जिंदगी में भी बदलाव आते जाते रहते हैं। जीवन रथ पर कभी खुशी तो कभी गम सवार रहते है। जिंदगी में अहसासों का दौर चलता रहता है, इन्हीं अहसासों को अल्फाजों के रूप में प्रस्तुत करने की एक कोशिश का नाम "एहसासों के रंग" रखा है।

पावती (स्वीकृति)

जीवन जन्म से लेकर मृत्यु तक का चक्र है जो मृत्यु तक निरंतर चलता रहता है। इस प्रक्रिया मे हम अंतिम सांस तक सीखते रहते है हमारी जिंदगी मे अच्छे बुरे हर तरह के लोग आते और जाते रहते है हर व्यक्ति से हमे कुछ न कुछ सीख मिलती है जो हमे जीवन मे अनुभव देती है इन लोगों के साथ मैं अपने शिक्षकों, मेरे प्रशिक्षक और उन मुट्ठी भर लोगों के प्रति आभार व्यक्त करना चाहता हूँ जिन्होंने मुझे जीवन में सहयोग दिया। कुछ खास लोग जिन्होंने मेरेमूर्खतापूर्ण फैसलों की आलोचना किए बिना मेरा मार्गदर्शन किया और सदा मेरे साथ खड़े रहे। मैं उनका जीवन भर आभारी रहूँगा।

मेरे द्वारा लिखी इस शायरी पुस्तक का श्रये टर्की देश और हमारे पड़ोसी देशों के धारावाहिक नाटकों से प्रेरित होकर लिखी गई है पर यह मूलतः मेरी शायरी है इस पुस्तक से पूर्व मेरी दो पुस्तके और भी प्रकाशित हो चुकी है जिसमे से एक शायरी पुस्तक फोटो पर शायरी लिखकर प्रकाशित की गई है उम्मीद करता हू इस पुस्तक को भी पसंद किया जाएगा।

लेखक परिचय

मेरा नाम शील रत्न भास्कर है। मैं एक दिल्ली का निवासी हूँ। मैंने MBA (HR) से किया है और अपनी Government Service, BIFR, Ministry of Finance से शुरू की थी। अभी मैं TRAI मे कार्यरत हूँ। यह मेरी तीसरी पुस्तक है। मैं आशा करता हूँ, आपको मेरी लेखनी पसंद आयेगी।

अध्याय 1

मैं उस लिखे को
मिटाकर रहूँगा
जहाँ लिखा है
"लिखने वाले ने लिख डाली
मिलन के साथ जुदाई"।

***

मैं हर वक़्त मुस्कुराता रहता हूँ
लोग मुझे पागल कहते है
मैं पागल नही
हो गया हूँ मैं दीवाना किसी का।

***

ख़ुदा एक काम हो सकता है
जो मेरे दिल मे है
हक़ीकत बनकर
मेरा हो सकता है ।

अध्याय2

जब किस्मत मैं ही नहीं लिखा
उसे मेरी
फिर वो कौन है
किसने मिलाया है हमको ।

***

वो किस्मत मैं नहीं लिखा मेरी
ये मान लिया मैंने
मैं कोशिश भी न करू
ये तो नहीं लिखा ।

***

तू नहीं तो ख़ुशी क्या है
गम क्या है
जिऐ या मरे दोनों मे
फरक् क्या है ।

अध्याय 3

जिन्हें किस्मत से हीरें
पथरों के भाव मिल जाते हैं
वो समझते है
हीरें इसी भाव मिले है ।

***

जिन्होंने रिश्तों को वक़्त नही दिया
फिर एक वक़्त आयेगा
कि वक़्त ही वक़्त होगा
रिश्ता नही होगा ।

***

मुझे नाज़ है अपनी मोहब्बत पे
मुझे ताजमहल बनाकर
मोहब्बत दिखने की जरूरत नही
तू मेरी आखों मे झाँककर देख
हज़ारों ताज है ।

अध्याय4

लोग सात जन्मों तक का
साथ निभाने की बात करते है
हमें सात जन्मों का भरोसा नहीं
हम तो तुझे एक पल मे
सात जन्मो का प्यार करते है ।

***

वो कहते है
बहुत हूनरमंद हो तुम
इस बात को उस दिन मानेंगे
जिस दिन जीत लेंगे दिल तुम्हारा ।

***

जरा देर कर दी
मोहब्बत समझने मे हमारी
अब न वक़्त रहा
न उम्र पास रही हमारे ।

अध्याय5

मुझे जीने के लिए

देता है तो ठीक

नही तो ये जिंदगी भी रख

मुझे ये भी नही चाहिए

जीने के लिए तेरे दीदार से भी

गुजर हो जाती है हमारी

अब तुझे दीदार से भी गुरेज है

तो कहाँ जाए हम

साफ साफ क्यूँ नही कह देते

कि मर जाए हम ।

***

डर कर दिल खुदा से एक सवाल पूछता है
उनसे मोहब्बत करने की
सजा तो खत्म हो गई थी हमारी
फिर उसके लौट के आने की वजह क्या है ।

अध्याय6

हम दर्दे ए मोहब्बत से
वाकिफ न थे
वार्ना मोहब्बत की कसम
हम मोहब्बत न करते ।

***

मेरे दीवानेपन की भी हद है
सारा शहर छोड़ कर
एक तेरे दिल मे जगह
पाने की एक जीद् है
ये जिंदगी भी वार देंगे एक दिन तुझे पे हम
तू मेरी मोहब्बत को यू न आजमाया कर ।

***

ख़ुदा तेरी कायनात से
एक शख़्स चाहिए ।

अध्याय7

खुदा मुझे इस पूरी कायनात से
कयामत तक के लिए
एक शख़्स का साथ चाहिए
जिसका साथ मुझे मरते दम तक चाहिए ।

***

इस कायनात मे
सब अन्यते एक तरफ
आपका साथ
एक तरफ ।

***

खुदा मुझे तेरी कायनात से
न जर न जमीन चाहिए
बस एक शख़्स के दिल मे
जगह चाहिए ।

अध्याय 8

मेरा दिल कभी अपने सीने मे रखकर देख
कितनी मोहब्बत से रखता हूँ
तुम्हें मैं दिल मे संभाल के ।

***

मोहब्बत मे कोई
मेरा गुन्हा बता दे
गर मेरा गुन्हा ही मोहब्बत है
तो फिर कोई बात नही
जो जी चाहें वो सज़ा दे
उम्र कैद दे या फ़ासी की सज़ा दे ।

अध्याय 9

मुझसे तेरी खामोशी देखी नहीं जाती
तेरी खामोशी को अल्फाज़ देने की कीमत बता
तेरी खामोशी मेरी जान लेती है
मुझे तेरी खामोशियां
कितना सताती है
मुझे कुछ तो बता
तेरी खुशी की कीमत ज्यादा है
तो अपने को गिरवी रख दू बता
दिल तो दिया है तुझे
जान चाहिये मेरी, तो भी बता
तू मेरी जान है, मुस्कुराने की
कीमत तो बता ।

अध्याय10

मेरे महबूब
मेरे शक़ को मोहब्बत से समझो तुम
शक़ की शक्ल को
दिमाग़ से नही दिल से समझो तुम
मेरी जिंदगी हो तुम
मेरे डर को समझो तुम
मैं तुम्हें खोने से डरता हूँ
यानि मैं मरने से डरता हूँ
जीना चाहता हूँ साथ तुम्हारे मैं
इसलिए तो तुम पर मरता हूँ ।

अध्याय11

प्यार को जिंदा रहने के लिए
प्यार के दो बोल की जरूरत होती है
वरना पानी की कमी से तो
बड़े बड़े दरख़्त सूख जाते है ।

***

तुम्हें खबर तक नहीं तुम ना जाने किस
जहाँ मे रहते हो
तुम्हे अपना कहने की चाह मे
ख़ाक होते रहे है हम ।

***

मेरा दिल तोड़ने की ऐवज मे
दिल तो चाहता है
कि तेरे हक मै बदुआ पढ़ूं
पर मेरी नफरत मेरी चाहत
के आगे हार जाती है ।

अध्याय12

जमीं आसमांन एक कर दिया हमने
बस उस एक शक्स को
अपना बनाने की चाह में
ये कैसी मोहब्बत की है हमने
के एक शक्स को अपना न बना सके ।

***

मैं रोज़ हाथों की लकीरों को
देखकर सोचता हूँ
जब लिखा ही नही उसे नसीब मे मेरे
फिर हमें मिलाया किसने है ।
हमें तुमसे मोहब्बत है
ये फ़क़त अल्फाज़ बनकर रह गए
तेरी बेरुखी से ।

अध्याय13

वो जितना दर्द देगा मुझे
मैं उतना दर्द सहूँगा
लेकिन अब न शिकवा, न शिकायत करूँगा
के जब जब आयने के सामने वो खड़ा होगा
उसे मुझे दिया हर दर्द
आइने मे दिखाई देगा
वो मुझसे मिलने को तड़पेगा
मेरी कब्र से आ लिपटेगा
उस दिन के इंतजार मे
मैं हर दर्द सहूँगा ।

अध्याय 14

लोगों को दिलों से खेलने का
शौक देखा है हमने
हमे खिलौना होना मंजूर है हमें
पर ये शौक मंजूर नही हमें ।

***

मुझे फ़र्क नही पड़ता
वो मुझे मिले न मिले
मैं जीता समझता हूँ खुद को मोहब्बत मे
अपना सब हार कर उस पे ।

***

कर्ज़दार हूँ मैं उसका
के उसका नाम लेकर जीता हूँ ।

अध्याय15

मैं फ़कत पकीज़गी से
मोहब्बत निभाने की वजह से
मोहब्बत हार गया हूँ ।

***

ख़ुदा मौत भी सभी को
एक सी नही देता
हमें ही देखो
तुम्हें हमारी मौत का
समान बनाकर भेजा है ।

***

उसकी मोहब्बत मे मैंने एक उम्र गुज़ारी है
चाहत इतनी रही एक दिन वो मुझे भी
खोने से डरे
मैं दूर जानें लगु
वो दौड़ कर गले लगा ले मुझे ।

अध्याय16

मुझे तेरी हर सज़ा मंज़ूर है
मुझे मत बताओ
मैं जानता हूँ मेरा गुन्हा
कि मैं तुम्हें चाहता हूँ
और बेपनाह चाहता हूँ ।

***

जिसने मेरे साथ रहकर
कभी मेरा हाल न पूछा
सुना है अब वो रोज़
मेरी कब्र पे जाया रोया करते है ।

***

हम ये सोच कर चुप रहते है
कि तुम परेशांन न हो जाओ
ये जानकर कि हम
दूसरो के दिल के गुन्हा भी पढ़ लेते है ।

अध्याय17

कहती है दुनिया मोहब्बत देने का नाम है
माँगने का नाम नही
क्या वफ़ा माँग कर भी हमने
गुन्हा कर दिया ।

***

जिसने मेरे साथ रहकर
कभी मेरा हाल न पूछा
सुना है अब वो शक्स रोज़
मेरी कब्र पे जाकर रोया करता है
उसे कोई जाकर समझाए
कि जाने वाले लौटकर
आया नही करते ।

***

अब न तेरे जाने का गम होगा मुझे
अब न तेरे आने की ख़ुशी
मैं हर दर्द से जीत गया हूँ
हाँ मैं जीते जी मर गया हूँ ।

अध्याय18

तुम्हें निकाल तो देता
मैं अपने दिल से मगर
पर अफ़सोस
अब तुम मेरी साँसों मे बसी हो ।

***

पहला तो याद नही
तुम मेरा आखिरी अरमाँन हो ।

***

तेरे सजदे मे रहा हूँ मैं उम्र भर
बदले मे बस इतनी ही तो तमन्ना की थी मैंने
सिला मोहब्बत मे,मोहब्बत का बस इतना मिले
वफ़ा के बदले वफ़ा मिले
फिर कहाँ की कैसी मोहब्बत हुई
जब तुम इतने पर भी ख़फ़ा हो गए ।

अध्याय19

मोहबत है मेरी
खुदा की इबादत जैसी
मोहब्बत मै कर दी अगर शिकायत
तो वो मोहबत कैसी ।

***

उन्हे पता ही नही
हम उनसे कसम ही जब लेते है
जब हमें यकींन होता है
कि वो अब झूठी कसम खायेगा ही
जी तो न सके उसके साथ हम
उसकी झूठी कसम से
मर तो जायेंगे हम ।

***

उसने हमारी मोहब्बत को ग़लत समझा
उसे ग़लत कैसे कहे हम
वो जैसा था
वैसा ही उसने हमें समझा ।

अध्याय20

हम जिसकी मोहब्बत मे जान देने का दावा करते थे
उसने जिलते ए मोहब्बत की इंतहा कर दी
हमारी मोहब्बत को जरूरत कह दिया
हमें जीते जी मार दिया उसने
बस कसर ये रह गई
ज़मीन न फट गई
हम समा न गए उसमें ।

***

आज दिन भर उसको याद करके
मुस्कुराये है हम
देख आज रात फिर कितना
रोयेंगे हम ।

***

इतने इलज़ाम न लगाओ मुझपे
इतनी ज़िलत न दो मुझे
एक तरफा मोहब्बत ही तो की थी हमने
तुझसे कब निभाने की गुजारिश की हमने ।

अध्याय21

सबके सामने तो कुछ कहता नही
पर अकेले मे बहुत कोसता है
मेरा दिल मुझको
कि तुने किसी की मोहब्बत मे
मुझे बहुत रुलाया है।

***

हमारी मोहब्बत भी कभी मोहब्बत थी
फिर जाने कब मोहब्बत गुन्हा हो गई
मोहब्बत हमने मोहब्बत से निभाई थी
फिर भी मोहब्बत मे हमें सज़ा हो गई
अभी जूनून ए मोहब्बत से वाक़िफ़ नही हो तुम
सज़ा भी उसी सिद्दत निभा लेंगे हम।

***

बस एक शख़्स है
जो मेरा मोहब्बत ए ख़ुदा है।

अध्याय22

तुम मेरी मोहब्बत नही जानते हो
मैंने तुम्हारा साथ न पाते हुए भी
मैंने एक तरफ़ा मोहब्बत भी
बरसो अपने दम पर निभाई है
क्युकि तुम मेरी ख्वाईश् नही
मोहब्बत हो,इबादत हो,जान हो,जहान हो ।

***

जुनून ए इश्क़ तो देखो मेरा
नाम ख़ुदा का लेता हूँ
तस्वीर आँखों मे
तेरी आ जाती है।

***

मैं साथ निभाने के लिए रोज़
नई वजह ढूँढकर लाता हूँ
तुम दूर जाने की नई वजह
बना देते हो।

अध्याय23

मेरी मोहब्बत ही मेरा मर्ज़ बन गई
जिस मोहब्बत मे जीना चाहते थे हम
वही चाहत ए मोहब्बत
मेरी मौत की वजह बन रही हैं।

***

एक तुम हो हमारे हो न सके
एक हम है
तुम्हारे अलावा
किसी के हो न सके।

***

मैं एक राह की तरफ़ चल दिया हूँ
न मंज़िल है न ठिकाना है
न कोई किनारा है
रुकना मौत है
बस चलते ही जाना है
चलते ही जाना है।

अध्याय24

फ़िज़ा को कज़ा मिल चुकी है
जिस्म से रुह जुदा हो चुकी है
इज़हारे मोहब्बत मे
जरा देर कर दी तुमने
हम अभी दिल को दफ़ना कर आ रहे है।

***

उसकी मोहब्बत फ़कत
अल्फाजओ मे थी
और हम उस पर अपनी
तमाम मोहब्बत लुटा बैठे।

***

ये रात मुझे सोने नही देती
कभी ये दिन के उजाले मेरी आखों मे चुभते है
ए ख़ुदा मेरी किस्मत कैसी है
ये गम गली गली मेरा पता पूछते रहते हैं
मैं खुशी की एक साँस भी ले लु
एक तिनके का सहारा भी मिल जाए मुझे
तो तूफ़ाँनो को ख़बर हो जाती है।

अध्याय 25

जुदा होते ही नही मुझसे गम मेरे
मेरे गमो को मुझसे मोहब्बत सी हो गई है।

***

तुफानों के रास्तों मे मेरा घर पड़ता है
या तूफ़ान निकलते ही है मेरा घर ढूँढने के लिए।

***

वफ़ा तेरी फितरत मे नही

जफ़ा मेरे जमींर मे नही

मैंने तुझे ख़ुदा की तरह पूजा

तू तो इंसान कहलने के काबिल भी नही।

अध्याय26

मेरी मोहब्बत का सिला
मुझे इतना भी ना मिला
वो मेरी मैयत पर भी न आया
जिसके नाम पर मैं मर मिटा।

***

मैं रोज़ हाथों की लकीरों को देखकर
सोचता हूँ ए ख़ुदा
जब तुने लिखा ही नही उसे नसीब मे मेरे
तो फिर मिलाया किस लिए है।

***

इश्क़ मे लिखा हर हर्फ़ मिटना है
जिसके लिए लिखे थे अर्मान ए दिल
जब वो ही नही समझा तो अब किसको समझाना है
ये राज ए मोहब्बत है
जमाने को क्या बताना है।

अध्याय27

ये राज ए मोहब्बत है जनाब
मेरे साथ ही रहे है
मेरे साथ ही दफ़न होंगे।

***

वफ़ा का वादा दोनों ने किया था
वो भूल गया मुझे याद रहा
मैं तो बिना वादे के भी तेरा था
तू वादा करके भी मेरा न हुआ
जो इतनी मोहब्बत के बाद भी
हमारा न हो सका
कमी हमसे क्या रह गई
ये तो बता दे वो जिसे बनाया था
हमने मोहब्बत मे ख़ुदा।

अध्याय28

ख़ुदा मोहब्बत का मुझे
इतना सिला चाहिए
मैं जिंदा रहूँ या न रहूँ
उसका चेहरा मेरी आखों
मे रहना चाहिए।

***

ऐसा खवाब भी नहीं है मेरा
कि तू मुझे रूबरू चाहिए
तू जहाँ भी रहे बस सलामत रहे
बस इतना चाहिए।

***

तुझे गलतफहमी है
कि बेगेरात् हूँ मैं
झुकता हूँ तेरे सामने तेरे
सजदे तेरे सौ बार करता हूँ
बात इतनी सी है मैं तुझे
ख़ुद से ज्यादा प्यार करता हूँ।

अध्याय29

ऐसा कोई पल नही गुजरता
जिस पल मे वो हमें याद नही करते
ये हाल ए दिल वो सुनाते है हमको
ये हाल ए दिल सुनकर उनका
ये दिल उनके सजदे सौ करता है
कि चलो मेरा ख़ुदा ए मोहब्बत भी
हमें याद करता है।

***

मैं मानता न था कि दिल
शीशे सा टूट जाता है
अब टूटा है तो मालूम हुआ है
कि सच ही कहते है लोग।

***

तेरे दिए दर्द ऐसे है
आँखें पथरा सी गई है
के आसुंओ को भी निकलने को जगह नहीं
दिल के टुकड़े भी दिल मे इतने हुए हैं
के तुझे दिखने को अब तो
दिल भी मयस् नही।

अध्याय 30

मैं जो जिंदगी जीने का कायल था
वो जिंदगी मिल न सकी मुझे
दिखता तो जिंदा हूँ मैं
पर उससे बिछड़कर जिंदा नहीं हूँ मैं।

***

हमारे दिल से लिखे को
तुम दिमाग़ से पढ़ते हो
जिस दिन तुम दिल का लिखा
दिल से समझने लगोगे
उस दिन मुझे लिखने की भी
जरूरत ही नही पढेगी
दिल का हाल दिल से समझ लोगे तुम।

***

हमने दिल से लिखते है
तुम दिमाग़ से पढ़ते हो
रहने दो दिल का लिखा
तुम समझ नही पाओगे
जिस दिन तुम दिल का लिखा समझने लगोगे
उस दिन मुझे लिखने की जरूरत ही नही पढेगी
तुम मेरा चेहरा ही पढ़ लिया करोगे।

अध्याय 31

बेवफा हो तुम ये हम ही नही
तुम भी जानते हो
मेरी मोहब्बत के तो छोड़ो
तुम मुझसे बात करने के भी काबिल नही
अहसास दिलाने के लिए निभा रहे है हम
कि बस एक बार तुम कह दो
हाँ हमसे कभी टूटा है तेरा दिल
फिर पलट के तुम्हें देखें तो नाम बदल देना।

***

ताउम्र हम तुमसे मोहब्बत
तुम्हें अपना समझकर शिकवे शिकायत भी करते रहे
तुम शिकायते तो खूब समझे हमारी
बस मोहब्बत न समझ सकें।

***

गिला ये नही
तुम हमारी मोहब्बत न समझ सके
गिला ये है हमें
तुम हमें ग़लत समझते रहे।

अध्याय 32

मैं खुद से बेहद् शर्मिंदा हूँ
मैं हर पल तेरे साथ रहकर भी
तेरे दिल मे जगह न बना सका
मैं मुसाफ़िर था मुसाफ़िर ही रहा
तेरे दिल मे घर न बना सका।

***

जिन्दगी मे बहुत सी ख्वाइशें की
पूरी न होने पर टूटे नही थे हम
एक तुम क्या बिछड़े
हम बिखर के रह गए।

***

मुझे यकींन है
वो मुझे चाहता नही है
इस बात पर मैं शिकवा करूँ
इतना हक भी तो नही है।

अध्याय33

मेरे दर्द ए दिल का ईलाज़ तेरा दीदार है
मेरी चाहत तुझे देखने को बेकरार है।

***

मैंने मोहब्बत की
बाज़ी लगा रखी है देखना है
मेरा सब्र टूटेगा पहले
या साँसों की ड़ोर मेरी।

***

उससे मोहब्बत करके ऐसा
क्या गुन्हा कर दिया हमने
जिसकी जिंदगी की हम रोज दुआएँ करते
हमें मौत से रोज मिलाया उसने।

अध्याय 34

ये शहर, ये गलियाँ,
ये दिल, ये यादें देखना
ये सब एक दिन छोड़ कर चला जाऊँगा
दीवाना हूँ दीवानों की तरह जीया हूँ
दीवानों की तरह मर जाऊँगा
बस तुम मेरा नाम याद रखना ।

***

मेरी खामोशी की आवाज़
तेरे दिल तक पहुँचे
ये दुआ है
मेरी ख़ामोशी की।

***

जिंदगी मे एक वक़्त आता
जब आप जान जाते है कोई नहीं है साथ
सब वक़्त का धोख़ा है
तब आप शांत हो जाते है
शिकवा शिकायतों से आज़ाद
हो जाते है।

अध्याय35

तुझसे एक मोहब्बत के सिवा
जिंदगी भर कुछ ख़ास किया नही मैंने
उसका भी सिला ये
कि तू भी मिला नही मुझे।

***

मेरे दर्द ए दिल की वजह हो तुम
मेरा दिल कहता कभी नही होगा वो तेरा
अगर जीना है तो भूल जा उसको अभी
नहीं तो उसके प्यार मे मरना तये है तेरा।

***

तेरा प्यार तो कभी
मुझे मिला ही नही
तेरे दिए दर्द ही काफी समझने पड़े
मुझे जीने के लिए।

अध्याय36

ख़ुदा तू मेरा आखरी एक काम कर दे
मुझे मौत दे दे,या उसे मेरे नाम कर दे।

***

वो चाहें मुझे भी
ये चाहत रही नही मेरी
मैं जिंदा ही कहाँ हूँ
जो जिंदा रहे चाहत मेरी।

***

ख़ुदा तू गवाह है उसकी सच्चाई का
वो सच्चा है ये खाई है उसने कसम मेरी
बाकि गवाह उसका दिल भी तो होगा
मैं जिंदा हूँ ये सबूत भी कम तो नही है।

अध्याय37

तेरी बेरुक्खी ने दिल पथर्
का बना दिया
तेरे बगेर जीना आता न था
मेहरबानी तेरी तुने तेरे बगेर
जीना सिखा दिया।

***

मुझे जीने के लिए
जिंदगी से जिंदगी चाहिए
आप समझते हो या नही
मुझे जीने के लिए तुम चाहिए।

***

क्या आप मेरे हो
मेरी जिंदगी तो तुम्हारी है
क्या इस जिंदगी मे आप मेरे हो।

अध्याय 38

उसके दिए प्यार से
ख़ुश होने की सोचता ही हूँ
कि तभी उसके दिए ज़ख़्म
मेरी आँखें नम कर देते है।

***

हम गिनते है उसके सामने
रोज़ उनके दिए जख्मों को
कि किसी रोज़ तो शर्म आयेगी उनको
कि हर ज़ख़्म उनका याद है हमको।

***

उसका इजहारे ए मोहब्बत हमसे
हमारे क़त्ल का आखरी हथियार था
उसने आज़मा लिया
और हमने उसका कहा मान लिया।

अध्याय39

कोई हमारे लिए इतना ख़ास है
हम अपना दिल टूटने का इलज़ाम भी
अपने सिर ही ले लेते है
पर शिकवा करके उसका सिर नही झुकने देते।

***

वो जानते है कैसा है
उनके बिना हाल मेरा
फिर भी वो चुप रहते है
जानकर भी हाल मेरा।

***

अल्लाह का करम कैसे कह दु
मेरा जीना मरना है
हाथ मे है
मेहबूब के मेरे।

अध्याय 40

एक वफ़ा ए मोहब्बत के सिवा
कुछ नही चाहा था उनसे हमने
इस पर भी राज़ी न हुआ मेहबूब मेरा
मेरे होंठो की हँसी ले ली
उसने दिल भी तोड़ दिया मेरा।

***

दिल के बदले दिल देते है लोग
आपने तो हमारा ही दिल तोड़कर दे दिया।

अध्याय41

हमारी मोहब्बत का सफर
ठीक नही गुजरा
अपनी मोहब्बत को मोहब्बत
समझाने मे ही एक उम्र लग गई
अब ये ख़ुदा जानता है
हमें मोहब्बत करनी नही आई
या वो समझना ही नही चाहते थे
ताउम्र ग़म इस बात का तो रहेगा लेकिन
ख़ुशी इस बात की है इस खुशफहमी
मे सफ़र ए उम्र कट गया।

***

तुमने हज़ारों जख्म दिए
हमें दर्द की इन्तहा दी
अभी वो, ईनाम ए मोहब्बत
वो जख्म, अभी बाकी हैं
जो मुझे जिंदगी से आज़ाद करा दे
अभी तेरी चाहत मे
मेरी मौत अभी बाकी है।

अध्याय42

तुम हमें न मोहब्बत कहते
न करते मोहब्बत हमसे कोई बात न थी
मोहब्बत कहकर कसमें खाकर बेवफ़ाई की
और हम निभाते रहे तुमसे ये तो ठीक बात नही।

***

मेरी मोहब्बत आखों से बेपन्ह बरसती है
मेरे दिल के अरमांन अल्फ़ाज़ों मे बदलने को मचलते है
ऐसे मे मेरी रूह तेरे दीदार को तरसती है
ऐसे मे तुम दिख जाओ तो
इबादत ए मोहब्बत का अरमान पूरा हो जाए।

***

मेरी मोहब्बत
तुमसे इतनी है
ख़ुदा के बाद नही
ख़ुदा की तरह पूजा है।

अध्याय43

मेरी मोहब्बत का आलम ये है
मंदिर मे तेरी तस्वीर नही होती
इसलिए दिल को तेरा मंदिर
बनाया हैं।

***

मेरी कोई जिद्द बता दो
तुमसे एक मोहब्बत के सिवा
तुम मेरा कोई एक गुन्हा बता दो
ये भी गर गुन्हा है तो इसकी सज़ा बता दो ।

***

ए दिल अब रोता है क्या
मैंने तो पहले ही बहुत समझाया था
कि ये पत्थर का शहर है
यु शीशे का दिल लिए घूमा न कर
किसी दिन टूट जायेगा
इलज़ाम पत्थर को देगा तू
ख़ुद शीशे का है ये भूल जायेगा।

अध्याय44

मैं ख़ुशी बनकर
तेरे चेहरें पे रहना चाहता हूँ
ये ख़ुशी देख कर
मैं भी तो जीना चाहता हूँ।

***

मेरा नाम लेकर
तुम रातों को जागना छोड़ दो
मुझे पता चल जाता है
जब मुझे भी नींद नही आती
मेरी बुलबुल तुम सो जाया करो
कि तुम्हारे सैयाद को भी नींद आती।

***

तुम परी हो मेरी
रात को ठीक से सो जाया करो
जागती हो तुम
नींद मुझे नहीं आती है।

अध्याय45

बात इतनी सी है
उन्होंने जहर कर दी है जिंदगी मेरी
पीते है ये जहर के जीना है
वरना कौन ख़ुशी से पीता है जहर ।

***

हमसे बदनसीब कौन होगा
जिंदगी भर जिसे मोहब्बत का
हीरा समझकर
ज़माने से छुपाकर रखते रहे हम
वो एक पत्थर निकला।

***

हम सुनते थे लोगों से
वक़्त बदलता रहता है
एक शख़्स को हमने
वक़्त से पहले बदलते देखा है।

अध्याय 46

मुझे आईना देखकर बोला
तुम तो समझदार दिखते हो
फिर क्यु कर ली मोहब्बत।

***

मैं बहुत शर्मिंदा हूँ तुझसे
अपने पहलू मे बिठाकर
तुझसे ही तेरी शिकायत करता हूँ
तेरी शराफत है जो तू मुझे बर्दाश्त करता है
मेरी तम्मना थी कि तू भी
कभी हमसे हमारी शिकायत करे
पर तुम हमसे शिकायत करना न सीख सके
पर देखो हम तुमसे
खामोशी से बर्दास्त करना सीख गए।

***

हम दिल लिए निकले थे
मोहब्बत की तलाश मे
पर हमें मालूम न था
कि ये शहर पथर्रो से भरा पड़ा है
पहली ही ठोकर् मे
दिल चकनाचूर कर बैठे।

अध्याय47

हमने तुम्हे दिल ए जमीं पे
मुकम्बिल् मकां बनाकर
बा ईज्जत रसम ओ रिवाज ए मोहब्बत से
वो मकां तेरे नाम कर दिया
पर तेरी खानाबदोशी ने
मेरा दिल ए मकां वीरांन् कर दिया।

***

मेरा दिल तोड़ने की एवज् मे
दिल तुझे जमाने की सब बद दुआ देना चाहता है
पर शुक्र है बद दुआ जो मेरे दिल से निकलती है
मेरी जुबान उससे रोक लेती है।

***

मेरा शक सही था
उसे भी मोहब्बत है मुझसे
तभी तो उसने सिर्फ़
दिल ए उम्मीद तोड़ी है मेरी
मेरा दिल नही तोडा।

अध्याय48

एक मोहब्बत की चाह मे मैंने
तुझे मौत के हवाले कर दिया
ए जिंदगी तुझसे शर्मिंदा हूँ बहुत।

***

एक तमन्ना थी मेरी
मैं तेरी चाहत मे मरूँगा
पर ये पता न था
मेरी चाहत भी मर सकती है
मुझसे पहले।

***

मैं इस इश्क ए मोहब्बत मे बहुत बर्बाद हुआ हूँ
मेरे दोस्त तू इन गलियों से बच कर गुजरना
जिंदा रहना चाहता है तो
उनकी नज़रों से बचकर निकालना
गर मरना ही चाहता है तो फिर कोई बात नही।

अध्याय49

मेरी मोहब्बत की तस्वीर
न जानें क्यु पूरी नही होती
जैसे ही हम समझते है
तस्वीर मे रंग उभरने लगे हैं
तभी न जाने कहाँ से बरसात आ जाती है।

***

जिंदगी भर एक मोहब्बत की तस्वीर
मोहब्बत से बनाई हमने
सोचा था कोई हमारी मोहब्बत की
दिल से वाजिद कीमत जरूर लगायेगा
पर ज्यु ज्यु हमारी नज़रों मे
तस्वीर ए मोहब्बत मुकम्बिल् होती गई
पुराने रंग तस्वीर से उड़ते गए
तस्वीर बे नूर होती गई।

***

तुम मेरी जिंदगी हो
मेरे जीने की वजह हो
और इतिफाक देखो
मेरी मौत की वजह भी तुम हो।

अध्याय50

मैंने मोहब्बत इबादत की
तरह निभाई है
तेरा नाम कलमा की तरह पढ़ा है
ओम की तरह लिखा है मैंने।

***

मेरे अरमानों का अरमान हो तुम
पता तो है तुम्हें मेरी जान हो तुम।

***

जो तेरी याद दिलाती है
मैं वो हर याद मिटा देना चाहता हूँ
बस इस दिल के सिवा
जो जरूरी है मुझे जिंदा रहने के लिए।

अध्याय51

के अब ये दर्द सहन नही होता
मैं चाहता हूँ और बहुत चाहता हूँ
मेरे दिल के टुकड़े टुकड़े होकर बिखर जाए
मैं इस दिल को संभलते संभलते थक गया हूँ।

***

कल शीशे मे मैंने एक चेहरा देखा
शीशे मे चेहरे को चेहरा छुपाकर
किसी के प्यार में रोते देखा
मैंने फिर उस आइने को तोड़ दिया
बस उस दिन से मैंने उस चेहरे को
फिर कभी नहीं रोते देखा।

***

जिस मोहब्बत मे
दोनों बराबर की मोहब्बत करें
वो मोहब्बत एक मिसाल होती है
जिस मोहब्बत मे
एक ही करे मोहब्बत और वही निभाए
वो मोहब्बत बेमिसाल होती है।

अध्याय52

तू लाख सितम् कर
हम तुझे चाहकर भी छोड़ नही सकते
सब कुछ तो तेरे पास गिरवी है मेरा
और उस पर हर साँस भी
हमने तेरे नाम लिख रखी है
हम तुझे चाहकर भी छोड़ नही सकते।

***

शादी न चले तो तलाक होती है
और अलग होकर जीते है
मोहब्बत मे अलग होकर
अदृश्य मौत होती है
और उस मौत के साथ जीना होता है
तेरी मोहब्बत का गम
हम उठा नही पा रहे
तूने मेरी ही साँसें मुझे पर
बोझ कर दी है।

***

तुम मेरी जैसी जुनूनी मोहब्बत
नही कर सकते थे
कोई बात नही
तुम सिर्फ़ मेरे तो रह सकते थे।

अध्याय53

वो पूछते है ख़ुश क्यु नही हो हमें पाकर
उन्हें कौन बताये
ख़ुश रहना कौन नही चाहता
पर तेरे दिए जख्म हमें ख़ुश होने नहीं देते।

***

हम तुझसे नाराज़ नही
अपनी मोहब्बत की नाकामी पे
खुद से शर्मिंदा है
कि तेरे दिल मे मोहब्बत की वो
लौ न जला सकें कि जिसमे
तुझे सिर्फ़ हम दिखाई देते।

***

ऐसा नही है मेरा कुछ लिखने को दिल नही करता
बस कलम चुप है मेरी बस
ये सोचकर कि खबर न हो जाए उनको
कि अब मोहब्बत मे दिल नहीं लगता ।

अध्याय54

मैंने आखों से अश्क बहाए
फिर भी न जानें क्यु
तेरे लिए दिल की बगिया
मे लगाया हर फूल सूख गया।

***

तेरे बगेर जी सकते है हम
ये यकींन दिल को दिला दिया है हमने
बस दूर जाकर आज़मान बाकी है।

***

तेरी इबादत ख़ुदा की तरह की थी
अब किस मुहॅ से तुझे बेवफ़ा कह दे
ख़ुदा से भी शिकायत कैसे करे तेरी
उसकी जगह ही तो तेरी इबादत की थी।

अध्याय55

मुझे कोई रिश्ता कबूल नही होता
तुझसे मोहब्बत का रिश्ता बनाने के बाद
मेरा दिल अब कहीं लगता नही तुझसे दिल लगाने के बाद
तूने तो देखा भी है तोड़कर हज़ारों बार दिल मेरा
तेरे पास मैं फिर जोड़कर ले आता हूँ दिल मेरा
कहा तो है मैने मेरा दिल अब कहीं लगता नही
तुझसे दिल लगाने के बाद
मुझे कोई रिश्ता कबूल नही होता
तुझसे मोहब्बत का रिश्ता बनाने के बाद।

***

हर रिश्ते को पनपने के लिए
वफ़ा की जमींन चाहिए
वरना किसी के हाथ से लगाया
गुलाब भी बबूल बन जाता है।

अध्याय56

ऐ दिल समझा, अपने दिल को
जब मोहब्बत ही नही उनको तुझसे
तो यु बेवजह उनको
बेवफ़ा ठहराया नही करते।

***

इस दिल को बहुत समझाया है हमने
कि रोया न कर उनको यु याद करके
मोहब्बत को मोहब्बत मिल जाए
कि ये नसीब हर किसी का नही होता।

***

मेरे दिल मे क्या कीमत है
आपकी, आपके साथ की
ये जानने के लिए आपको
मोहब्बत मे मेरी तरह खाक होना पड़ेगा।

अध्याय57

एक तेरा साथ हमको
सौ जहाँ से प्यारा है
न मिले संसार
तेरा साथ तो हमारा है
और ख़ुदा जानें ये साथ भी
कब तक हमारा है।

***

मोहब्बत एक से होती है हज़ारो से नही
रोशनी चाँद से होती है सितारों से नही
अपने चेहरे की चाँदनी पे,
ऐ चाँद जो इतरता है तु
तू भूल जाता है ये
कि ये चमक दुनिया से,
सितारों से,
नज़रों से,
इन आती जाती बहारो से नहीं
ये जो सूरज जलता है तो कही जाकर
चाँद चमकता है तु।

अध्याय58

हमे प्यार से प्यार कर लिया कर सजना
फिर पता नहीं
ये वक़्त मुड़के आए के न आए
ये वक़्त हमारी तरह नहीं है लौट के आजाये ।

***

उसने कहा है सौ बार हमसे
हम भी तुम्हे कोई तोहफा देना चाहते है
उन्हें हम कैसे समझाए
जिंदगी में चाहिए था बस एक तोहफा उनसे
वो है "दिल" मे जगह
वो तो पहले ही दे चुके है वो हमको।

***

प्यार गहरा वक़्त के साथ और गहरा हो गया
अब तो मैं भी नही बात सकता
ये जाने कब कतरा कतरा करके
कब ये दरिया समंदर हो गया।

अध्याय59

तुम्हें देखने के लिए मैं पहरों इंतज़ार करता हूँ
तुम सामने आ जाओ तो फिर देखने से डरता हूँ
तुम्हें देख ले तो फिर
संभाले नही संभलता मुझसे ये दिल
मैं तेरे पास बैठा रह जाता हूँ
ये दिल तुझे लेकर
यादों के स़फ़र पे निकल जाता है
फिर कहा लौटता है दिल
संभाले नही संभलता मुझसे ये दिल
मैं तेरे पास बैठा रह जाता हूँ।

***

मेरे दिल के दो ही शौक़ है
तुम्हे दिल मे रखना
और
दिल में तुम्हारे लिए
मोहब्बत रखना।

अध्याय60

मैं सोचता हूँ कि अब चला जाया जाए दूर तुमसे
जितनी जिंदगी का सफ़र बचा नही है
उससे ज्यादा प्यार इकठ्ठा हो गया है पास मेरे
और तुझको अभी प्यार कम किया है
तो बता रुकूँ अभी थोड़ा पास तेरे।

***

मैंने इखत्यार मोहब्बत मे तुम्हे सब दे दिया है
दिल तुम्हारे नाम कर दिया है
अब जीने के लिए दिल तो मुझे भी जरूरी है
अब दिल के बदले मे दिल माँगू
तो फिर मोहब्बत मे मैंने तुम्हें दिया क्या है।

***

मोहब्बत करके हमने तो
दुनिया को रोते देखा है
ये मोहब्बत इन्यत नही
हमें हो बद दुआ सी लगती है
इसमें इंसान जिंदा तो रहता है
पर हर पल मरते देखा है।

अध्याय61

सीने के दर्द को छुपाकर

तुमको सीने से लगता हूँ हर बार

आँखो के आसुंओ को छुपाकर

उसे पलकों पे बिठाता है फिर से हर बार

बस इस बार आखरी बार मिले है हम

ये कहकर अब क्यु बिछड़ना चाहता है तू इस बार

क्या तू जीना नही, क्या अब मरना चाहता है इस बार

उनके साथ ही जी ले चार दिन बचें है जिंदगी के,

चल अपने लिए न सही उनके लिए ही जी ले

दीवाना है तू उनका एक उम्र गुजारी है

उनकी चाहत मे तूने

अपनी दीवानी को शर्मिंदा न कर

साथ निभा ले, जब तक निभा सकता है

वैसे भी बिछड़ कर तू कौनसा जीने वाला है।

अध्याय62

जो चीज ख़ुदा से सबसे ज्यादा मांगी
तुम वो मोहब्बत हो मेरी
और फिर ख़ुदा से ज्यादा
जिसकी बंदगी की वो इबादत हो मेरी।

***

तू भी देखना एक दिन मैं
ये हकीकत करके दिखाऊँगा
अभी जी नही सकता हूँ
एक पल भी तेरे बिना
तुझसे दूर रहकर भी
जिंदा रहकर दिखूँगा
अबकी गया तो मर जाऊँगा
पर लौट कर तेरे पास नही आऊँगा
तू भी देखना एक दिन
मैं ये हकीकत करके दिखाऊँगा।

***

मैं तुझसे दूर रहकर
जिंदा रह नही सकता
मैं अपना इस डर से
एक दिन जीत कर दिखाऊँगा।

अध्याय 63

एक बात समझाने में
उम्र लग गई मेरी
कि तुम जरूरत नही
जिंदगी हो मेरी।

***

सोचा है तुमने कभी
क्युं कोई तुम्हे जिंदगी से ज्यादा चाहता है
मोहब्बत कहते है किसको
ये तुमसे मोहब्बत करके जाना है
दीवानगी होती है क्या
तेरा दीवाना हो कर जाना है
जब न देखु तुझे तो
कैसे साँसें रुकती है
ये तुमसे बिछड़ कर जाना है
जिंदा रहने के लिए तू जरूरी है
ये तुझसे दूर रहकर जाना है
तुझे खबर नही मेरी साँसों मे।

अध्याय64

तेरी मोहब्बत हवा बन के बहती है
शाम को तेरी यादों की बारात
मुझे ख्वाबों मे सुला देती है
तुझसे मिलने की ख़ुशी, तेरे चेहरें की हँसी
हर सुबेह़ मुझे उठने की वजह देती है।

***

मुझे दिल न दे कोई बात नही
बस अरमाँन है दिल मे थोड़ी सी जगह चाहिए
जगह थोड़ी ही हो पर
उस पर इख़्तियार पूरा चाहिए
मैं रहूँ न रहूँ वो जगह बस मेरी रहे
और बस मेरी ही रहनी चाहिए
बदले मे बोल तुझे क्या चाहिए
दिल चाहिए या तुझे मेरी जान चाहिए
बस कह दे मेरे इस अरमाँन
के बदले तुझे क्या चाहिए।

अध्याय65

तुम्हे पा कर जहाँ पा लिया था हमने
ये हम जानते है या ख़ुदा जानता है
ये तुम्हें समझाने कि कोशिश मे थे हम
इतने मे जाने तुम कहां खो गए।

***

पता है हम आजतक
तुम से दूर क्यु नही जा सकें
क्युकि आखरी कोशिश बोल कर
हम उसे पहली मानते रहे।

***

तुमने तो हमारे लिए
दुनिया को कभी छोड़ा ही नही
और हमने तुम्हारे आगे
दुनिया को कभी कुछ समझा ही नहीं
ख़ुदा से तो कह ही रखा है हमने
तुम भी सुन लो
तुम नही तो हम नही।

अध्याय 66

मैं मोहबत के व्यापार मे नया था
वाक़िफ़ न था मोहब्बत मे
दिल देकर दिल लेना भी था
इस हिसाब से तो घाटा होना ही था।

***

मरना हमारे बस मे नही
साँस लेना जरूरी है
बस इस ख्याल से
हद ए बर्दास्त बढ़ाई है
जिंदा रहने के लिए।

***

मोहब्बत मे बिछडकर
रो रोकर दीवानों की तरह
तड़पकर मर जाते है लोग
हम तो अभी तक जिंदा है
बेकार ही कहते है लोग।

अध्याय67

मैंने बहुत समझाया था उसे
दिल खेलने की चीज नही है
पर उसका शौक था
मैं क्या करता।

***

मैं कैसे बताऊँ दुनिया को
क्यों पीनी छोड़ दी मैंने
उसकी मोहब्बत का नशा
ही बहुत है मेरे जीने के लिए।

***

मैं बहुत ख़ुश रहा करता था
फिर न जानें
मेरी जिंदगी मे
कहाँ से तुम आ गये।

अध्याय 68

नादानियों की उम्र मे भी
हम नेकीया करते रहे
हमें ख़ुद चलना आता न था
दूसरों के सहारे बनते रहे।

***

मैं क्या कहता हूँ
तू चुपचाप सुन लिया करो
दर्द है दिल का,
मेरे लिखे मे
और पढ़ कर इसे
वाह वाह किया न करो।

***

हम तुम्हें चाहते है और बेहद् चाहते है
जान कहते है मगर जान से ज्यादा चाहते है
बदले मे बस एक वफ़ा चाहते है
और इस पर भी तुम कहो
कि तुम हमसे बहुत चाहते हो।

अध्याय69

कब हमने तुमसे कहा है हमको मोहब्बत करो
मोहब्बत करते हो खुद
तो खुद ही मोहब्बत किया करो
मोहब्बत मे मोहब्बत से जवाब न मिले
तो गिला किया न करो
मोहब्बत तुमने की है तो तुम ही किया करो
तुम्हारी मोहब्बत को, मोहब्बत से, मोहब्बत करे कोई,
ये तुम्हारे हाथ मे नही
ये इखत्यार उनका है इसे अपने हाथ मे लिया न करो
मोहब्बत करते हो खुद
तो खुद ही किया करो
वो न करे मोहब्बत तो न गिला किया करो।

अध्याय70

ये सही है वो मेरे
हाथों की लकीरों मे लिखा नही है
फिर वो कौन है किसने मिलाया है हमको
दिल लगा लिया अब हमने तो उनसे
किस्मत का लिखा किस्मत ही जाने
लिखा नही था तो क्यु मिलाया हमको।

***

ये सही है वो मेरे
हाथों की लकीरों मे लिखा नही है
मैं कोशिश न करूँ
ये भी तो लिखा नही है।

***

जीने के लिए तेरे दीदार को ही
अपना मुक़दर समझ लिया
अब नसीब मे दीदार भी न लिखा हो
तो फिर क्या कीजीए।

अध्याय 71

ये सही है तू मेरे

हाथों की लकीरों मे लिखा नही है

जब लिखा नही था

फिर किसने मिलाया है हमें तुझसे

क्या खता की थी हमने

जो लिखा नही था किस्मत मे

फिर उसे क्यु मिलाया हमसे

ये खता तो तेरी है ए ख़ुदा

जो लिखा नही किस्मत मे

फिर क्यु मिलाया उसे हमसे।

***

ये सही है तू मेरे

हाथों की लकीरों मे लिखा नही है

फिर कौन है जो मिलता है मुझको

तेरे दर पे लाकर खड़ा करता है मुझको।

अध्याय72

न पूछा तुमने सूरत ए हाल हमारा
बिना देखें तुझे कैसे काटे है दिन हमने
उन्हें इतना भी ख्याल न आया हमारा
क्या वो भूल गए
हमारे दर्द ए दिल का इलाज क्या है
कि एक झलक सूरत दिखा जाते।

***

मेरे सुकून ए जिंदगी हो
राहतें जिंदगी हो
जिधर भी मैं देखूं
उधर तुम ही तुम हो।

***

एक वफ़ा के सिवा
क्या मांगा था
तुमसे
तुम तो ख़फ़ा हो गए।

अध्याय73

मेरी जिंदगी का सफ़र
कितना आसान हो गया
तुम मिले और बस
हमारा दिल तुम्हारा हो गया
फिर कभी मुड़ कर
देखा नही किसी को
मेरी जिंदगी का सफ़र
बस तेरे नाम हो गया।

***

मैंने तुझको ख़ुदा से ज्यादा माना है
तूने की होगी ख़ुदा की बंदगी बहुत
पर ऐसा नही कि ख़ुदा हमें जानता नही है
वफ़ा और बेवफ़ाई का हिसाब
हम से ज्यादा रखता वही है
इंसाफ़ की गुहार लगाई है मैंने उससे
जरा संभल के रहना
कि अब इंसाफ़ वही करेगा।

अध्याय 74

तुम मुझे कहाँ ढूँढते हो
मैं तो उतर चुका हूँ रूह में तुम्हारी
मेरी तकलीफे ए मोहब्बत का
अहसास तो तुम्हे तब होगा
जब तुम्हारे दिल की दीवारों पे
अपना नाम लिखा कर छोड़ जाऊँगा
तू ख़ुश रह दुनिया मे अपनी
मैं अब लौट के नही आऊँगा
दुनिया मर कर छोड़ती है दुनिया
मैं जीते जी दुनिया छोड़ जाऊँगा।

***

एक शख़्स से कोई बार बार
धोखा कैसे खा सकता है
ये यकिंन मुझे जब हुआ
जब मैं उससे मिलने फिर जा पहुंचा ।

***

मैं मुसाफ़िर ही रहूँगा
मोहब्बत के सफ़र मे
ये यकींन हो चला।

अध्याय 75

हमारी इतनी मोहब्बत के बाद भी
एक बात दर्मिया रह गई
हमें शिकायत ये नही कि
तुमने दुनिया से बात की
शिकायत ये है कि
किसी से बात करना
और किसी को वक़्त देना
क्या इन दोनों बातों का
फ़र्क तुम जानते नही
ये झगड़ा है बरसो पुराना
क्या तुम जानते नही
हम सिर्फ़ तुम्हारे रह सकते हैं
ये हमारे बस मे है
तुम्हारे लिए हम भी जरूरी रहे
ये हमारे बस मे नही।

अध्याय 76

मेरे लिए जान दे देगा
पर मुझे छोड़ेगा नही
और उसने मुझे जब छोड़ा
जब मुझे ये यकींन हो गया।

***

जो शख़्स बैठा है पास मेरे
पास होकर भी पास नही है मेरे
कहने को तो है, बैठा पास मेरे
पर उसे ढूंढने के लिए
जमीं, पाताल, आसमांन तक
छानना पड़ता है मुझे
कि वो आवाज तो दे
अहसास ए लफ़्ज़ तो कहे
तभी तो ढूँढ पाऊँगा उसे
तभी तो समझ पाऊँगा उसे
कि वो पास रहकर पास रहना चाहता है मेरे
या पास रहकर दूर रहना चाहता है मुझसे
नही तो मैं जलता रहूँगा अहसास ए गुन्हा मे ।

अध्याय77

मेरी जिंदगी हो तुम
तुम्हे खोने से डरता हूँ
मेरे लिए दिल मे जगह नही
तो मुझे कदमों मे रहने दे
मैं तुमसे प्यार करता हूँ।

***

तूने मेरी चाहत की तोहीन की है
ये मैं बर्दाश्त कर गया
अब तुमने मेरी इबादत ए मोहब्बत
पर इलज़ाम लगाया है
ये तो गुन्हा कर दिया है तुमने
इसकी सज़ा मेरे हाथ मे नही
इसका इंसाफ़ तो ख़ुदा करेगा।

***

मैं तुमसे बेपन्ह मोहब्बत करता हूँ
मेरी जिंदगी हो तुम
तुम्हे खोने से डरता हूँ
मुझे दिल मे जगह न दे
कोई गम नही
मुझे कदमों में पड़ा रहने दे
मैं तुमसे बहुत मोहब्बत करता हूँ।

अध्याय78

1. *तुमने हमारी शिकायतें को तो*

हज़ारों बार सुना है
उन शिकायतों मे मोहब्बत की
तड़पती हुई गुजरिशे न समझ सकें तुम
उन शिकायतों के मर्म मे
सिसकती धीमी सी आवाज़ मे
खामोशी से किसी को तड़पते हुए
ये कहते नही सुना तुमने
कि तुम सिर्फ़ मेरी हो
ये समझाने मे मेरी एक उम्र लगी है
कि अब शाम उम्र ढलने को है
अब तक तुम मेरे जुनून ए मोहब्बत से वाक़िफ़ न हो सके
कि मैं काट कर बाट सकता हूँ
अपने जिस्म के टुकड़े भी
पर किसी से तुम्हे बाट सकता नहीं
कि तुम सिर्फ़ मेरे हो
कि तुम दूर रहो या पास रहो
मैं इस जहाँ मे रहूँ या उस जहाँ मे
बस इतना याद रखना तुम
कि तुम सिर्फ मेरे हो।

अध्याय79

मैंने तुमसे निभाने की लाख कोशिशें की
और आखिरी कोशिश कहकर भी
हज़ारों बार कोशिश की
वैसे तो मैं जिंदगी मे बहुत कुछ हार चुका हूँ
पर कभी हार नही मानी
पर अब तुम्हे हार कर मैं हार चुका हूँ जिंदगी भी।

***

तुम मुझे कहाँ ढूँढते हो
मैं तो उतर चुका हूँ रूह में तुम्हारी
मेरी तकलीफे ए मोहब्बत का
अहसास तो तुम्हे तब होगा
जब तुम्हारे दिल की दीवारों पे
अपना नाम लिखा कर छोड़ जाऊँगा
तू ख़ुश रह दुनिया मे अपनी
मैं अब लौट के न आऊँगा
दुनिया मर कर छोड़ती है दुनिया
मैं तुझे जीते जी छोड़ जाऊँगा।

अध्याय80

तुम आये हो इजहारे ए मोहब्बत
कहने जिस से, जरा सी देर कर दी है
अभी अपनी इकलोती मोहब्बत को
हम दफना कर आये है हम।

***

तेरी यादों में रहूँगा
जिंदगी से चला जाऊँगा।

***

तुम मेरी चाहत नही
ईबादत बन चुक हो
तुम तो अभी चाहत भी नही समझे
ईबादत को क्या खाक समझोगे।

अध्याय 81

दुनिया मे होंगें हज़ारो रंग
हमें वो पसंद जो रंग तुमको पसंद।

***

हज़ारो शायरो,हज़ारो लिखने वालो ने लिखा है
"जो आज तक तुम्हारा न हुआ
वो आगे क्या होगा तुम्हारा, भूल जाओ उसे"
अरे ये कैसी चाहत कि थी तुमने
उसने न चाहा तो भूल जाओ उसे
क्या वो तुम्हे चाहें
इसलिए चाहा था उसे तुमने।

***

मैंने दिल की चाहते
बहुत कम रखी है
तेरे नाम से शुरू
तेरे नाम पर खत्म रखी है।

अध्याय82

मैंने जो चाहत ए मोहब्बत मे किया वो
किसी से कम न रह जाए
दुनिया मे जितने भी शब्द
प्यार मे किसी ने कहे होंगे किसी से
किसी की चाहत ए मोहब्बत मे
अपने महबूब के लिए जो भी काम किये होंगे
मुझे भी वो सब करके दिखाने है
मैं किसी से रह जाऊँ
ये गवारा मुझे हो नहीं सकता
मैं हर पल वो करने की ख़ुशी मे
जीता हूँ।

***

हाथ रखकर दिल पे बता
क्या कोई तुझे मुझ सा चाहने वाला है
मैंने तो तुझे पाकर जहा पा लिया है
तुझे किसकी तलाश है अभी
तेरे लिए क्या कमी रह गई मुझसे
तुझे अभी क्या पाना है ।

***

अभी ऐसा कोई फूल नहीं मिला जमाने मे
जो तेरे हाथों की शोभा बढ़ाए
अल्बता तेरे हाथों मे तो

मेरा हाथ ही अच्छा लगता है ।

अध्याय83

इतनी सी चाहत है मेरी
मैं तुझसे इतनी शिदत से मोहब्बत करू
कि तू जब भी दुनिया मे किसी भी
दीवाने की मोहब्बत का किस्सा सुने
तो तेरा दिल खुशी से
तेरे दिल से कहे
अच्छी है दीवानों की दीवानगी मगर
मेरे दीवाने की दीवानगी के आगे
पानी भरती है सबकी दीवानगी ।

***

तुम समझते क्यु नही
मैं तुमसे कोई शिकवा करूँ
तो ये तोहीनें ए मोहब्बत होती है
तुम मेरी बात न समझो
तो ये तकलीफे ए मोहब्बत होती है।

***

ए दिल क्या ढूँढता है
इन हाथों की लकीरों मे
जो नही है तकदीर मे
वो कहाँ मिलेगा इन लकीरों मे।

अध्याय84

अपने लिए तो सब जीते है
मोहब्बत मे अपने लिए नही जिया जाता
अपनी मोहब्बत के लिए जिया जाता है
ये मोहब्बत के साथ रहकर नही
उससे बिछड़ कर जाना है हमने।

***

मेरी खामोशी की आवाज़
तेरे दिल तक पहुँचे
ये दुआ है मेरी
खामोशी की।

***

मेरे जीने का सहारा
मेरी जान तुम हो
पहला तो मुझे याद नही
मेरी जिंदगी का
आखिरी अरमाँन तुम हो।

अध्याय85

1. मैं कौनसा तेरे साथ सदा रह पाया हूँ

मैं कौनसा तेरे साथ सदा रह पाऊँगा
कभी वक़्त ने, कभी दुनिया ने,
हमें साथ रहने न दिया
कभी तुझे ग़लत समझा मैंने
तो कभी मेरे कहे को ग़लत समझा तूने
तू सही अपनी जगह
हम अपनी गलती मान लेते है
ऐसा होता आया है, ऐसा होता रहेगा
ये हमने ख़ुद को समझा लिया है
चल छोड़ जाने दे
जीना है हमको इसलिए
थोड़ा साथ और रहने दे
हम पर अहसान कर
हमें फिर साथ आने दे
मौत अभी श्याद लिखी नही
जीना है हमको इसलिए
थोड़ा साथ और रहने दे
बस थोड़ी यादों को और जमा कर लेने दे
थोड़ा मोहब्बत का भ्रम और रहने दे

मौत अभी श्याद लिखी नही
जीना है हमको इसलिए
थोड़ा साथ और रह लेने दे।

अध्याय86

मेरे जीने का सहारा
मेरी जान तुम हो
पहला तो मुझे याद नही
मेरी जिंदगी का
आखिरी अरमाँन तुम हो।

***

इतने बेगरात् हम कभी न थे
जितना तुझसे मोहब्बत के बाद हो गए
इतना तो हम ख़ुदा के आगे भी नही झुके
जितना तेरे आगे गिड़गिड़ा चुके
सुना था मोहब्बत मे बिना परो के आसमान
मे उड़ता फिरता है इंसांन
ये कैसी मोहब्बत थी हमारी
ये क्या हुआ हम तो जंमी पे आ गिरे।

***

मैंने तो हर दर्द सीने मे छुपा रखा था
मैं ये दर्द कभी नही कहना चाहता था
और जुबाँन तो आज भी चुप है मेरी
पर मैं क्या करूँ ये जो आख़े है मेरी
उन्होंने दर्द को आसु बनकर
बहने का रास्ता दिखाया।

अध्याय87

मैंने मोहब्बत मे वादा किया है
कि मैं मोहब्बत निभाऊँगा तुझसे
अगर वादा न निभा पाऊँ
तो गुनेहगार न समझना मुझको
मोहब्बत मे कमी हो सकती है अनज़ाने मे
इंसान हुं मैं मोहब्बत मे गलती भी हो सकती है
तो गुनेहगार न समझना मुझको
अगर तेरी ईबादत मे कमी कर जाऊँ तो
गुनेहगार कह देना मुझको।

***

मैंने मोहब्बत मे वादा किया है
कि मैं मोहब्बत निभाऊँगा तुझसे
हो सकता है ये वादा न निभा पाऊँ मैं
अगर वादा न निभा पाऊँ मैं
तो गुनेहगार न समझना।

अध्याय88

मोहब्बत मे कमी हो सकती है अनज़ाने मे
इंसान हुं मैं मोहब्बत मे गलती भी हो सकती है
अगर तेरी ईबादत मे कमी कर जाऊँ तो
गुनेहगार कह देना मुझको।

***

मैंने मोहब्बत में
हर हाल में तेरा साथ निभाया है
मैंने चाहत मे हर कदम
तुझसे पहले उठाया है।

***

तेरी सूरत देखने को भी तरस जाते है
तुझसे मोहब्बत है तुमसे ये कब कह पाएंगे।

अध्याय89

उसे पता चल गया
हम उसके बिना जी नही सकते
बस उस दिन से
उसने हमें जीने न दिया।

***

सोच के बताना
हमने मोहब्बत मे
तुमसे क्या चाहा था
एक वफ़ा के सिवा।

***

उससे मोहब्बत करके ऐसा
क्या गुन्हा कर दिया हमने
हमें मौत से रोज मिलाया उसने
हमको जिंदगी से पराया कर दिया उसने।

अध्याय90

मरना हमारे बस मे नही
साँस लेना जरूरी है
बस इस ख्याल से
हद ए बर्दास्त बढ़ाई है
जिंदा रहने के लिए।

***

राहें जिंदगी कभी आसान नही होती
इसे आसान बनाना पड़ता है जीने के लिए
कुछ नज़र अंदाज़ करके
कुछ बर्दास्त करके...

***

मैं तुमसे बेपन्ह
मोहब्बत करता हूँ
तुम जिंदगी हो हमारी
तुम्हे खोकर जिंदा रहूँ
इतनी हिम्मत नहीं हमारी।

अध्याय 91

जो शख़्स बैठा है पास मेरे

पास होकर भी पास नही है मेरे

कहने को तो है, बैठा पास मेरे

पर उसे ढूंढने के लिए

जमीं, पाताल, आसमांन तक

छानना पड़ता है मुझे

कि वो आवाज तो दे

अहसास ए लफ़्ज़ तो कहे

तभी तो ढूँढ पाऊँगा उसे

तभी तो समझ पाऊँगा उसे

कि वो पास रहकर पास रहना चाहता है

कि पास रहकर दूर रहना चाहता है

नही तो मैं जलता रहूँगा अहसास ए गुन्हा मे

तुम मुझे कहाँ ढूँढते हो

मैं तो उतर चुका हूँ रूह में तुम्हारी

मेरी तकलीफे ए मोहब्बत का

अहसास तो तुम्हे तब होगा

जब तुम्हारे दिल की दीवारों पे

अपना नाम लिखा कर छोड़ जाऊँगा

तू ख़ुश रह दुनिया मे अपनी

मैं अब लौट के न आऊँगा

दुनिया मर कर छोड़ती है दुनिया

मैं तुझे जीते जी छोड़ जाऊँगा।

अध्याय92

मैं तुमसे बेपन्ह
मोहब्बत करता हूँ
तुम जिंदगी हो हमारी
तुम्हे खोकर जिंदा रहूँ
इतनी हिम्मत नहीं हमारी।

***

जिन्दगी मे बहुत सी ख्वाइशें की
पूरी न होने पर टूटे नही थे हम
एक तुम क्या बिछड़े
हम बिखर के रह गए।

***

जिन्दगी मे बहुत सी ख्वाइशें की
पूरी न होने पर टूटे नही थे हम
एक तुम क्या मिले
टूट कर बिखर गए हम।

अध्याय93

मोहब्बत एक से होती है हज़ारो से नही
रोशनी चाँद से होती है सितारों से नही
अपने चेहरे की चाँदनी पर ये जो चाँद इतरता है
दुनिया से, सितारों से, इन नज़रों से,
इन आती जाती बहारो से नही
ये चमक सूरज से होती है चाँद की नहीं।

***

मैं तुझसे दूर रहकर जिंदा रह नही सकता
मैं अपना डर एक दिन जीत कर दिखाउँगा।

***

एक शख्स
मेरी मोहब्बत के काबिल ना था
मगर उसने मुझे
किसी काबिल ना छोड़ा
उसने मोहब्बत की मुझसे
और मोहब्बत के नाम पर ही छोड़ा।

अध्याय 94

तुझसे मोहब्बत करके हमने
खुद को रातों को रोते देखा है
ये कैसी मोहब्बत है जिसमे
खुश होने की जगह ख़ुद को
पल पल मरते देखा है
मोहब्बत मे सवरने के ख्वाब को
पल पल बिखरते देखा है
अपनी मोहब्बत के ताज को
जर जर गिरते देखा है
क्या इसको मोहब्बत कहते है
क्या यही अंजामे मोहब्बत होता है
तुझसे मोहब्बत करके
हमने खुद को रातों को रोते देखा है
ये कैसी मोहब्बत है
तुझसे मोहब्बत करके हमने
खुद को रातों को रोते देखा है।

अध्याय95

हमसे सीखों मोहब्बत करना
दिल मे जगह क्या चीज है
अपनी दुनिया ही मेहबूब के नाम कर रखी है
दिल मे रहे या दिल तोड़ के चला जाए
ये हक़ भी मेहबूब को अत्ता कर रखा है।

***

छोड़ दिया तन्हा तुमने
एक बार फिर अपना बना के
हम उन्हीं गलियों में फिरते है तन्हा
तेरी यादों को सीने से लगा कर।

***

लौट आए है हम
फिर तेरी गलियों से तन्हा
तन्हाई, तेरी याद और मैं
अब संग संग रहते है।

अध्याय96

हम इस आस मे एक उम्र से
दिल लिए तेरे कदमों में बैठे रहे
कभी तो जमाने से नज़र हटेगी
कभी तो नज़र हम पे भी नजर पड़ेगी।

***

तुम दुनिया के लिए एक पल मे
हमारी मोहब्बत छोड़ गए जनाब
हम तो आये ही थे
दुनिया छोड़कर तुम्हारे पास।

***

तुम्हारे अंदाजे बयां से वाक़िफ़ है हम
खबर हो जाती है हमें
मोहब्बत शब्द का
इस्तमाल कब करोगें तुम।

अध्याय97

एक शख़्स के लिए
हम जमाना छोड़ कर आये
एक पल मे हमें वो छोड़ गया
शख़्स जमाने के लिए।

***

तेरे दिए फ़रेब
देखकर भी न देखे हमने
अंधे नही हम
हमारी मोहब्बत ने
अंधा बना रखा है।

***

जिसका नाम लेकर मोहब्बत करते रहे हम
सदियों से इंतज़ार भी किया हमने
वो मिला भी तो बस हमारी मोहब्बत को गलत
साबित करने के लिए।

अध्याय98

हम कितने न समझ थे
तुम्हारी फितरत ए बेवफ़ाई
को नादानी समझते रहे
न काबिल ऐ माफ़ी है जुर्म हमारा
हम फिर भी तुमसे मोहब्बत करते रहे।

***

जीने के लिए ख़ुदा ने
जिंदगी दी है
इस जिंदगी को चलाने
के लिए मुझे तुम चाहिए।

***

जमाने से बातें नही करनी हमको तुमसे
करनी है जमाने भर की बातें।

अध्याय99

हमें दुनिया नही चाहिए
दुनिया मे बस एक तुम चाहिए।

***

मुझे जीने के लिए
तू चाहिए
तू मिले तो ठीक
नही तो मौत चाहिए।

***

गलती की माफ़ी होती है
गुन्हा की नही।

अध्याय100

एक खास बात तो है तुम मे
मोहब्बत निभाने का वादा नही करते
फितरन तुम्हे खुद पता नही होता
तुमने कल किसका हो जाना है
तेरी चाहत मेरे दिल मे ताउम्र रहे
तू मुझे कभी न मिले
मिलके तो सफ़र ए जुनून खत्म हो जायेगा
जुस्तजू है ये सफ़र ए मोहब्बत युही चलता रहे
मैं तेरी चाहत मैं युही जला करूँ
तू हवा बन के मेरे पास से चला करे।

***

दुनिया को दिल से
खिलौने की टरह खेलने का शौक़ था
हमने खुद खिलौना होना मंज़ूर किया
पर ये शौक़ हमें मंज़ूर न हुआ।

अध्याय 101

हज़ारों वजह दी है
तुमने हमें दूर जाने की
चलो अब अलविदा कबूल करो
हमे इजाजत दो जाने की
या फिर अब एक वजह बता दो
और साथ निभाने की।

***

मैं समझा नही सकूँगा
तुम समझ न सकोगे
ये जसबात ए दिल है
दिल से समझे जाते है
जुबा से बोलने मे फ़र्क आ सकता है
नज़रों से नजरों को पढ़कर
दिल के जसबात समझे जाते है।

***

न तुमने मेरी खुश्क आँखे देखी
न इनमे छुपा दर्द देखा
न तुमने मेरी ख़ामोशी देखी
काश कभी मेरे दिल के शोर को सुना होता
तू तो मेरी मौत पर भी आया नही
मैंने दुनिया को मुझे जलाने से रोक रखा था
अरे पगली हथेली पे

जो तेरा नाम लिखा रखा है।

अध्याय 102

जिंदगी मे थक
गया हुं तुझे जीते जीते
अब नही जिया जाता
तू मेरा हिसाब कर दे।

***

मैं जिंदगी से पहले ही हारा हुआ हुं
तुम से गुजारिश है मेरी
तुम चले जाओ जिंदगी से मेरी
कही मेरी मौत का इल्जाम तुम्हारे
सर न आ जाए।

***

तुम्हे पता है किस बात से दुखता दिल मेरा
वही खेलने का शौक हो गया है तुम्हारा
क्यों मेरी मौत का इल्जाम अपने सर लेते हो
मुझसे खेलना छोड़ दो, या मुझे छोड़ दो।

अध्याय 103

कोई मेरे कत्ल की साज़िश
मेरे दिल में रहकर करता रहा
उसकी मुराद पूरी हो
मैं मंदिरों,मस्जिदों मे
उसके लिए दुआ करता रहा।

***

गम नही इस बात का
वो रहे बेखबर इबादत ए मोहब्बत से हमारी
ए ख़ुदा बस मेरा एक काम कर दे
मेरी ख़ुशी उसके और गम उसके मेरे नाम कर दे
मेरे जीने की उम्मीद तो वैसे भी नही है
मेरा जो कुछ है उसके नाम कर दे।

***

वो मेरे साथ रहकर भी
मेरे साथ न रहा
मैं उससे दूर रहकर भी
उसके साथ ही रहा।

अध्याय104

उसके दूर जाने से मुझे फ़र्क कभी पड़ा ही नही
वो मेरे साथ रहकर भी कब साथ था मेरे
मुझे तो उसके दुनिया मे होने से ही इश्क़ है
वो साथ रहे इससे कोई वास्ता रहा ही नहीं।

***

एक तमन्ना रही
जिंदगी भर मेरी
मैं नज़र आऊँ उसे
जब भी वो आईना
देखा करे।

***

एक तमन्ना रहती है मेरी
जब भी वो फुर्सत मे हो
मैं छम से ख्यालों मे
आ जाऊँ उसके।

अध्याय105

फ़कत इस जीने को
जीना कहते है
तो हाँ
हम जिंदा है।

***

वो खुश है मुझसे दूर रहकर
फिर मैं उसकी ख़ुशी मे खुश न रहू
तो मोहब्बत कैसी।

***

वो मुझे याद करता होगा
ये तो कोई बात नही हुई
बात तो जब हो
वो मुझे भूल न पाए
मुझसे दूर रहकर वो खुशहै
हमारा क्या
हमारी तो ख़ुशी
उसकी ख़ुशी मे है।

अध्याय106

तुझे खेलने के लिए हमने
बहुत खिलौने दिए
पर तेरा दिल बहला न सके
तुझे दिल कैसे न देते
जब पता चला
तुझे तो दिलों से
खेलने का शौक़ है।

***

तेरी याद भी तेरी तरह है
बस रुलाना ही जानती है।

***

नादानी मे तोड़ते रहे हो
तुम दिल मेरा
कितने न समझ थे हम
समझदार को नादान समझते रहे।

अध्याय107

चल अब छोड़ इस बात को यही रहने दे
के ये मोहब्बत समझाने की नही
समझने की बात थी
हम समझा न सकेंगे
तुम समझ नहीं सकोगे।

***

मैं रोज हाथों की लकीरें को
देखकर सोचता हूँ ए खुदा
जब लिखा ही नहीं उसे नसीब मे मेरे
तो मिलाया किसने है।

***

तुम मेरी चाहत के नसीब मे नही हो
मेरा नसीब देखो मैं सिर्फ तुम्हे ही चाहता हुं।

अध्याय 108

खंज़र उनके हाथ मे है
करके छलनी दिल हमारा
और उस पर वो पूछते
क्या हाल है तुम्हारा।

***

कौन कहता है मेरे मेहबूब
के पास दिल नही है
मुझे जिंदा छोड़ दिया
सिर्फ मेरा दिल तोड़ा।

***

बहुत शोर सा रहता था
मेरे दिल मे तेरी मोहब्बत का
अच्छा हुआ जो तूने तोड़ दिया
जो दिल मेरा।

अध्याय 109

बहुत दिल से
तोड़ है तुमने दिल मेरा
हम नाराज़ होकर
कैसे दिल तोड़ सकते है तुम्हारा।

***

दुनिया से क्या लेना मुझको
मेरी तो दुनिया ही तुम हो।

***

दुश्मन हमारी मोहब्बत का
यू तो कोई नही
मेहबूब ही दुश्मनों
से जा मिले तो कोई क्या करे।

अध्याय110

जिंदा है हम वो वक़्त देखने के लिए
तू भी देखना वो वक़्त भी एक दिन आयेगा
जब तुझे समझ आयेगा
हमने तुझे नही तुमने हमें गवाया है
क्युकि तुम तो हमारे कभी थे ही नही
और हम सिर्फ तुम्हारे ही थे।

***

शिकवा न शिकायत
मोहब्बत न इबादत
कोई वजह न रहने दी तुमने
हमें साथ रहने की।

***

तुम्हे इश्क़ का मतलब नही पता
हमें मतलब का इश्क़ नही पता।

***

कभी जमीं तो कभी आसमां नही मिलता
कभी किसी को मुक़मल् जहाँ नही मिलता
ये राज़ छुपाकर रखता हूँ मैं जमाने से
कि मैंने मुक़मल् जहां पा लिया है
तेरा हो जानें से।